团 体 标 准

回收沥青混合料精细加工与再生利用技术指南

Technical Guidelines for Fine Processing and Recycling of Reclaimed Asphalt Pavement

T/CHTS 10178—2024

主编单位:辽宁省交通科学研究院有限责任公司
发布单位:中国公路学会
实施日期:2025 年 1 月 7 日

人民交通出版社

北 京

图书在版编目(CIP)数据

回收沥青混合料精细加工与再生利用技术指南/辽宁省交通科学研究院有限责任公司主编.—北京:人民交通出版社股份有限公司,2025.1.—ISBN 978-7-114-20161-5

Ⅰ.U414-62

中国国家版本馆 CIP 数据核字第 20255C9M80 号

标准类型:	团体标准
标准名称:	回收沥青混合料精细加工与再生利用技术指南
标准编号:	T/CHTS 10178—2024
主编单位:	辽宁省交通科学研究院有限责任公司
责任编辑:	郭晓旭　韩亚楠
责任校对:	卢　弦
责任印制:	张　凯
出版发行:	人民交通出版社
地　　址:	(100011)北京市朝阳区安定门外外馆斜街 3 号
网　　址:	http://www.ccpcl.com.cn
销售电话:	(010)85285857
总 经 销:	人民交通出版社发行部
经　　销:	各地新华书店
印　　刷:	北京交通印务有限公司
开　　本:	880×1230　1/16
印　　张:	2
字　　数:	45 千
版　　次:	2025 年 1 月　第 1 版
印　　次:	2025 年 1 月　第 1 次印刷
书　　号:	ISBN 978-7-114-20161-5
定　　价:	28.00 元

(有印刷、装订质量问题的图书,由本社负责调换)

中国公路学会文件

公学字〔2024〕136号

中国公路学会关于发布《回收沥青混合料精细加工与再生利用技术指南》的公告

现发布中国公路学会标准《回收沥青混合料精细加工与再生利用技术指南》(T/CHTS 10178—2024),自2025年1月7日起实施。

《回收沥青混合料精细加工与再生利用技术指南》(T/CHTS 10178—2024)的版权和解释权归中国公路学会所有,并委托主编单位辽宁省交通科学研究院有限责任公司负责日常解释和管理工作。

中国公路学会

2024年12月24日

T/CHTS 10178—2024

前　言

本指南是在回收沥青混合料精细加工及再生利用技术研究的基础上,通过试验验证及工程实践,并参考国内外相关资料编制而成。

本指南按照《中国公路学会标准编写规则》(T/CHTS 10001—2018)编写,共分为 7 章,包括:总则、术语和缩略语、FRAP 技术要求、精细加工、再生混合料组成设计、施工、质量控制等。

本指南的发布机构提请注意,声明符合本指南时,可能涉及 4.4.3 与 ZL 2020 2 1558725.X 一种沥青路面铣刨料精细分离再利用系统相关的专利的使用。本指南的发布机构对于该专利的真实性、有效性和范围无任何立场。该专利持有人已向本指南的发布机构承诺,同意本指南使用者不侵犯其所持有的专利。请注意除上述专利外,本指南的某些内容仍可能涉及专利。本指南的发布机构不承担识别专利的责任。

本指南由辽宁省交通科学研究院有限责任公司提出,受中国公路学会委托,由其负责具体解释工作。请使用单位将实施中发现的问题、建议及时反馈至辽宁省交通科学研究院有限责任公司(地址:沈阳市沈河区文萃路 81 号,联系电话:15710574910,电子邮箱:401618672@qq.com),供修订时参考。

主编单位:辽宁省交通科学研究院有限责任公司。

参编单位:哈尔滨工业大学、福建南方路面机械股份有限公司、山东省路桥集团有限公司、南京兴佑交通科技有限公司、辽宁交投公路科技养护有限责任公司、北京市政路桥建材集团有限公司、辽宁省交通建设投资集团有限责任公司、辽宁省高速公路运营管理有限责任公司、辽宁省市政工程设计研究院。

主要起草人:高立波、冯德成、孙继伟、曹继伟、易军艳、吴永付、翟资雄、王兴阔、周健楠、裴忠实、柳浩、霍继辉、王森、胡伟、杨建红、范兴华、刘云全、魏唐中、蔡广楠、谭冬浩、朱建平、王枫成、王真、杨昌运、黄玉明。

主要审查人:李华、薛忠军、陈志国、郝培文、曾赟、黄颂昌、刘元泉、吴万平、吴立坚、刘元炜。

目　次

1 总则 ……………………………………………………………………………………………… 1
2 术语和缩略语 …………………………………………………………………………………… 2
　2.1 术语 ………………………………………………………………………………………… 2
　2.2 缩略语 ……………………………………………………………………………………… 2
3 FRAP技术要求 …………………………………………………………………………………… 3
4 精细加工 ………………………………………………………………………………………… 6
　4.1 一般规定 …………………………………………………………………………………… 6
　4.2 场地建设 …………………………………………………………………………………… 6
　4.3 加工设备 …………………………………………………………………………………… 6
　4.4 加工作业 …………………………………………………………………………………… 8
5 再生混合料组成设计 …………………………………………………………………………… 11
　5.1 一般规定 …………………………………………………………………………………… 11
　5.2 外加剂 ……………………………………………………………………………………… 11
　5.3 配合比设计 ………………………………………………………………………………… 12
6 施工 ……………………………………………………………………………………………… 14
　6.1 厂拌热再生作业 …………………………………………………………………………… 14
　6.2 厂拌冷再生作业 …………………………………………………………………………… 14
　6.3 FRAP微表处作业 …………………………………………………………………………… 15
7 质量控制 ………………………………………………………………………………………… 16
附录A　FRAP假颗粒含量试验方法（燃烧法） ………………………………………………… 17
　A.1 适用范围 …………………………………………………………………………………… 17
　A.2 仪具与材料 ………………………………………………………………………………… 17
　A.3 试样准备 …………………………………………………………………………………… 17
　A.4 试验步骤 …………………………………………………………………………………… 17
　A.5 数据处理 …………………………………………………………………………………… 17
　A.6 报告 ………………………………………………………………………………………… 18
附录B　RAP沥青含量试验（全自动沥青混合料抽提仪法） …………………………………… 19
　B.1 适用范围 …………………………………………………………………………………… 19
　B.2 仪具和材料 ………………………………………………………………………………… 19
　B.3 试验准备 …………………………………………………………………………………… 19
　B.4 试验方法与步骤 …………………………………………………………………………… 19
　B.5 数据处理 …………………………………………………………………………………… 20
　B.6 报告 ………………………………………………………………………………………… 20
用词说明 …………………………………………………………………………………………… 21

回收沥青混合料精细加工与再生利用技术指南

1 总则

1.0.1 为指导回收沥青混合料精细加工与再生利用,提高再生沥青混合料的均匀性和利用率,保证沥青路面工程质量,促进公路绿色低碳发展,制定本指南。

1.0.2 本指南适用于各等级公路回收沥青混合料的精细加工与再生利用,其他道路可参照使用。

1.0.3 回收沥青混合料的精细加工及再生利用应积极稳妥地采用新技术、新材料、新工艺和新设备。

1.0.4 回收沥青混合料精细加工与再生利用技术除应符合本指南的规定外,尚应符合国家有关法律、法规及国家行业标准的规定。

2 术语和缩略语

2.1 术语

2.1.1 回收沥青混合料 reclaimed asphalt pavement, RAP

通过铣刨、开挖等方式获得的旧沥青混合料。

2.1.2 假颗粒 false particle

RAP 中多个单颗粒黏聚在一起形成的团粒。

条文说明

RAP 细料裹附在粗料表面上或与其他细料胶联在一起而形成的团粒,如图 2-1 所示。

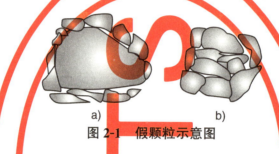

图 2-1 假颗粒示意图

2.1.3 精细加工 fine processing

通过高速旋转、碰撞等方式,对 RAP 进行一次或多次机械剥离加工,以及多级防黏筛分,使 RAP 假颗粒含量大幅度减少的处理过程。

2.1.4 RAP 精细加工材料 RAP fine processed materials, FRAP

通过精细加工后得到的不同规格的 RAP 材料。

2.1.5 假颗粒含量 false particle content

假颗粒占总矿料的质量百分比,以 FRAP 抽提或燃烧前后分计筛余率偏差的绝对值来表征。

2.2 缩略语

FRAP——RAP 精细加工材料(fine separation reclaimed asphalt pavement);

FRS——精分离材料规格分档名称(fine reclaimed specification);

RAP——回收沥青混合料(reclaimed asphalt pavement);

RMA——再生改性剂(rejuvenating modification agent);

WRA——温拌沥青再生剂(warm rejuvenating agent)。

3 FRAP 技术要求

3.0.1 FRAP 应无杂物、无结块等。

3.0.2 根据工程需要,将 FRAP 分为两类,其适用范围宜符合表 3.0.2 的规定。

表 3.0.2　FRAP 适用范围

分类	适用范围
Ⅰ类	沥青玛琋脂碎石沥青混合料(SMA)、超薄磨耗层、微表处、厂拌热再生密级配沥青混合料(30%＜FRAP 掺量≤100%)等
Ⅱ类	厂拌热再生沥青混合料(FRAP 掺量≤30%)、厂拌冷再生

条文说明

经广泛调研,结合辽宁省桓仁至永陵高速公路、西丰至开原高速公路、阜新至锦州高速公路,吉林省、山东省、北京市等地的工程应用实践,FRAP 可应用于厂拌热再生、厂拌冷再生、微表处、冷补料、常温灌缝材料等多种再生方式中,包括 SMA、高模量、超薄磨耗层、应力吸收层、浇注式沥青混凝土等多种沥青混合料中。

为更好地指导 FRAP 的选择和应用,使之更加清晰明确,将其分为两类。借鉴《公路沥青路面再生技术规范》(JTG/T 5521—2019)中附录 D.3 关于"厂拌热再生混合料用于面层时,掺配比例超过 30% 需专门论证确定"的规定,表中厂拌热再生沥青混合料以掺配比例 30% 为界,将 FRAP 分为两类。

3.0.3 假颗粒含量应符合表 3.0.3 的规定。

表 3.0.3　FRAP 假颗粒含量技术要求

分类	规格名称	公称粒径(mm)	以下筛孔(mm)假颗粒含量(%) 不大于							
			19.0	13.2	9.5	4.75	2.36	1.18	0.6	0.075
Ⅰ类	FRS7	10~30	10		10					
	FRS9	10~20		10	10					
	FRS10	10~15		10	10					
	FRS12	5~10				10	10			
	FRS14	3~5					10	10		
	FRS15	0~5					10	5	5	
	FRS16	0~3						10	5	5
Ⅱ类	FRS7	10~30	20		20					
	FRS9	10~20		20	20					
	FRS12	5~10				20	10			
	FRS15	0~5					15	10		

注1：FRS 规格与《公路沥青路面施工技术规范》(JTG F40—2004)中的表 4.8.3 相对应,例如：FRS12 规格相当于 S12。

注2：当Ⅰ类 FRAP 来源于沥青路面表面层含灌封胶铣刨料时,5mm 以上 FRAP 假颗粒含量指标可放宽至不大于 15%。

条文说明

FRAP假颗粒含量越大、掺配比例越大，再生沥青混合料级配波动性越大。为保证再生沥青混合料级配稳定性，本指南根据FRAP用途，将FRAP分为两类，并提出了假颗粒含量的技术要求。

根据FRAP用途，可以参照上表合理选择FRAP规格，当用于SMA表面层和再生超薄磨耗层时，建议选择FRS15或FRS16和FRS12两档；当用于超大比例再生微表处时，建议选择FRS16、FRS14、FRS12三档；当用于厂拌热再生沥青混合料和厂拌冷再生时，建议选择FRS15、FRS12、FRS9或FRS10三档。

3.0.4 FRAP粗集料粒径规格宜符合表3.0.4的规定。

表3.0.4 FRAP粗集料规格

规格名称	公称粒径（mm）	通过以下筛孔(mm)的质量百分率(%)							
		31.5	26.5	19	13.2	9.5	4.75	2.36	0.6
FRS7	10～30	90～100	—		—	0～40	0～30		
FRS9	10～20		100	80～100	—	0～40	0～30	0～20	
FRS10	10～15			100	70～100	0～40	0～30	0～20	0～15
FRS12	5～10				100	80～100	0～30	0～20	0～15
FRS14	3～5					100	80～100	0～40	0～20

注1：表中数值为燃烧法或抽提法试验后集料通过率，供配合比设计和施工过程质量控制参照执行。
注2：根据工程实际需要，亦可选用其他规格材料。

条文说明

为更好地控制FRAP材料稳定性，本指南根据辽宁省桓仁至永陵高速公路、阜新至锦州高速公路等工程实践积累的试验数据，提出了燃烧法或抽提法试验后FRAP粗集料规格，供配合比设计和施工过程质量控制参照执行。

3.0.5 FRAP细集料级配宜符合表3.0.5的规定。

表3.0.5 FRAP细集料规格

规格名称	公称粒径（mm）	通过以下筛孔(mm)的质量百分率(%)							
		9.5	4.75	2.36	1.18	0.6	0.3	0.15	0.075
RS15	0～5	100	80～100	50～80	30～60	20～55	10～40	7～25	0～20
RS16	0～3		95～100	70～100	50～80	30～60	10～45	10～40	0～25

注：表中规格为燃烧法或抽提法试验后集料规格。

条文说明

根据辽宁省桓仁至永陵高速公路、阜新至锦州高速公路等实践积累的数据，初步确定了FRAP细集料规格，供配合比设计和施工过程质量控制参照执行。

3.0.6 FRAP 技术要求应符合表 3.0.6 的规定。

表 3.0.6 FRAP 技术要求

材料	检测项目	技术要求	试验方法
FRAP	含水率(%)	≤3	
	矿料级配	满足本指南要求	T 0302
	4.75mm 以下的 RAP 砂当量	≥60	T 0334
	表观相对密度	满足设计要求	T 0304 或 T 0308 T 0328 或 T 0330
	针片状颗粒含量(%)	≤15	T 0312
	压碎值	满足设计要求	T 0316
	4.75mm 以下的 RAP 棱角性	满足设计要求	T 0344 或 T 0345
	FRAP 假颗粒含量(%)	满足本指南要求	附录 A
FRAP 中的沥青	针入度(100g,25℃,5s)(0.1mm)	≥10	T 0604
	软化点	实测	T 0606
	15℃延度	实测	T 0605

注1：用于三级、四级公路的基层或者二级公路的底基层的冷再生时，FRAP 中的沥青和粗细集料指标可不做检测。
注2：对于燃烧法不会对石质产生破坏的材料，可用燃烧法替代抽提法获得粗细集料用于检测。
注3：热再生应用时，当 FRAP 中集料不符合现行《公路沥青路面施工技术规范》(JTG F40)的有关规定时，需通过调整 RAP 掺配比例使新旧集料混合后的集料质量符合有关规定。
注4：试验方法需满足《公路沥青路面再生技术规范》(JTG/T 5521—2019)中附录 B 的规定。

条文说明

拌和水的比热容为 4182J/(kg·℃)，是沥青的 2.5 倍，是石料的 5 倍多，而且水的汽化热为 2260kJ/kg，使水在其沸点(100℃)蒸发为水蒸气所需要的热量 5 倍于把等量水从 1℃加热到 100℃所需要的热量，因此含水率高的 FRAP 将严重影响再生混合料的拌和。为保证材料的有效加热、提高生产效率，提出了 FRAP 含水率指标要求。

4 精细加工

4.1 一般规定

4.1.1 加工区面积、设施应与生产规模相适应，满足 RAP 材料堆放储存和生产加工要求。

4.1.2 生产设备和工艺应满足生产合格 FRAP 的要求。

4.1.3 加工过程中所产生的粉尘、固体废弃物及噪声等不应超过国家或行业规定的相关限值。

4.2 场地建设

4.2.1 厂区内应分区设置，主要包括 RAP 堆放区、加工区、FRAP 堆放区、办公试验区、生活区、厂区道路等。

4.2.2 厂区内应设置完善的排水等附属设施。

4.2.3 厂区出入口道路应与厂外道路连接平顺，并在车辆出入口处设置交通标志。

条文说明

由于 RAP 材料的进厂与使用时间可能存在较大时间差，因此储存场地要预留有足够的场地。根据对国内高速公路、城市快速路"再生拌和站"调查结果，建议精细分离加工场地在 13333 m^2 以上，整个再生拌和站在 4 万 m^2 以上。

4.2.4 RAP 堆放区应符合下列要求：

1 设棚或苫盖，防止受潮和扬尘，四周设置排水设施，且 RAP 堆放不宜过高，便于大型车辆和工程机械的装卸与运输。

2 储存能力应满足生产需要。

3 RAP 宜根据沥青和石料类型及来源不同分别存放。

4.2.5 FRAP 堆放区应符合下列要求：

1 堆放面积宜满足 7d 以上生产所需数量的要求。

2 设置防雨棚并硬化，完善排水设施。

3 按规格分别堆放，通风良好。

条文说明

FRAP 含水率直接影响再生沥青混合料拌和效果和效率，为保证含水率不大于 3%，需设棚堆放，且为防止由于雨天、设备维修等原因造成精细分离加工效率降低或暂时停产对生产的影响，要保证存放的 FRAP 数量要满足拌和站 7d 以上的正常生产。

4.3 加工设备

4.3.1 设备宜选用楼式或平铺式结构，由原料供给、剥离、筛分、控制、除尘等系统组成，额定生产能力应根据工程需要确定,不宜小于 80t/h。

4.3.2 原料供给系统应符合以下要求：

1 原料供给系统一般包括物料仓、皮带输送机、振动筛、上料输送机或提升机及辅助设备等。

2 物料仓进口尺寸与容积宜满足生产能力需要,其容积不宜小于 9m³,并采用变频电机驱动调整给料量。物料仓宜具有助流破拱、防堵过滤栅格及声光报警等装置。

3 皮带输送机输送能力应与生产能力相匹配,并配备超粒径颗粒振动筛和自动除铁装置。

4 楼式结构宜采用环链斗式提升机。

条文说明

助流装置保证供料稳定,栅格防止异物进入系统；为适应不同工况条件下的供料要求,给料机的供料能力应可调整,一般应满足能在负荷的 50%～110%范围内稳定运行。为减少回收料中含水率过大,土工布、渣土等对后续生产处理及产品质量的影响,供料设备可选配预筛分功能,如回收料中有粒径超过 40mm 的物料,则需要配备预破碎功能。

4.3.3 剥离系统的分离主机应符合以下要求：

1 宜采用立轴冲击破碎机,并具有变频控制功能,其功率不小于 160kW。

2 宜设置砧板或反击板,提高 RAP 剥离效果。

3 宜设置检修平台和吊装装置。

条文说明

分离主机系统建议采用离心式物理机械式分离方式,RAP 由转子中心进入后,高速旋转将集料甩出打在特制的砧板上进行沥青剥离作业,将 RAP 分离为沥青含量很少的 FRAP 粗料和沥青含量富集的 FRAP 细料。砧板及反击板需专门设计,由专用的耐冲击耐磨堆焊板制成,使其有较高的使用寿命,并根据磨损情况及时更换。此分离方式在辽宁省、吉林省等多条高速公路中应用效果较好。

4.3.4 筛分系统宜符合以下要求：

1 根据工程需要和本指南中表 3.0.4 和表 3.0.5 的规格配置筛网。

2 选用防黏结、易清理、易更换的筛网和装置。

3 粗筛分,即大于 10mm 粒径筛的筛分能力不小于 120t/h,各档级配的混筛率应小于 15%。

4 细筛分,即小于 10mm 粒径筛的筛分能力不小于 80t/h,各档级配的混筛率应小于 30%。

条文说明

精筛分设备宜选用多点驱动式概率筛,这是一种目前国际上最先进的全新的激振方式筛分技术,通过一对特殊结构的振动电机把以往的直线往复运动转换为高频、小振幅的摆动,从而使物料在筛网上不断地做抛物状运动,达到筛分目的。由于振动臂高频、小振幅地激打筛网,在工作过程中就可使堵在网眼的难筛颗粒不断脱落；在筛分工作完成后,保持振动臂持续激振(转换至清筛网频率)进行自动清理筛网的工作,从而解决沥青混合料回收料难筛分、易堵网的难题。

混筛率是指在颗粒物料筛分过程中,物料中的混杂物(总物料质量减去目标物料质量)与所筛选出的总物料质量比例,用于评估筛分设备的筛分效果和工艺的质量。混筛率通常以百分比形式表示,计算方法如下：

混筛率 ＝（混杂物质量/总物料质量）× 100％

例如：总物料质量为1000kg，其中含有混杂物质量为100kg，那么混筛率为10％。混筛率越低，说明筛分工艺越有效，相反，混筛率较高可能表明筛选设备效果不佳。在颗粒物料的处理过程中，控制和降低混筛率是重要的目标之一，以提高筛分的精度和效率，可以通过选择和调整筛分参数、改进筛网设计、优化物料进料方式等方式来实现。

4.3.5 控制系统宜符合下列要求：

1 宜采用全计算机控制与监控显示中央控制管理系统。

2 各控制按钮和开关的位置应便于操作和维修，并备有紧急制动和断电操作按钮。

4.3.6 除尘系统宜对分离主机、筛分设备、皮带机的落料点等有扬尘部位进行集中负压除尘处理。

4.4 加工作业

4.4.1 加工作业温度不宜高于35℃，回收沥青混合料含水率不宜大于3％。

条文说明

不同温度、不同含水率对分离效果的影响试验研究表明，在较低温度、较小含水率条件下，RAP集料-沥青剥离效果较好。推荐最佳剥离温度在20℃以下，不宜超过35℃，条件允许可选择在冬季低温时进行剥离，经工程验证可明显降低FRAP假颗粒含量。此外，可通过降低含水率、提高剥离频率获得较好的剥离效果。

4.4.2 加工作业准备应符合下列要求：

1 配备具有足够生产能力的专用RAP精细加工设备，其技术要求应符合本指南第4.3节的规定。

2 RAP宜优先采用通过铣刨方式获得的旧沥青混合料，对于通过开挖等方式获得的旧沥青混合料，应首先对大块RAP进行破碎、去除杂质处理。

3 对于由于堆放等原因造成的结块RAP，应进行人工或机械破碎处理。

4 精细加工作业前应对RAP进行含水率检测，如RAP含水率不满足设计要求时，应对RAP进行晾晒或采用机械设备进行翻晒处理。

5 精细分离加工设备安装后应进行单机和生产线调试，保证处于正常运行状态。

6 正式投产前应进行生产性试验，确定不同频率、不同含水率与剥离效果关系，根据技术要求确定工艺参数。

4.4.3 加工作业应符合下列规定：

1 根据具体工程需求，合理选择精细分离加工工艺及设备，并将沥青路面铣刨料精细分离成不少于3档的FRAP成品料。

2 铣刨料RAP精细加工作业工艺流程如图4.4.3所示。

条文说明

此工艺流程，是基于工程规模化应用实践提出的，主要包括原料供给、剥离、粗筛分、细筛分、除尘、大料破碎、超粒径二次剥离等工艺。经初步工程验证，效果良好，工程实例检测结果见表4-1。

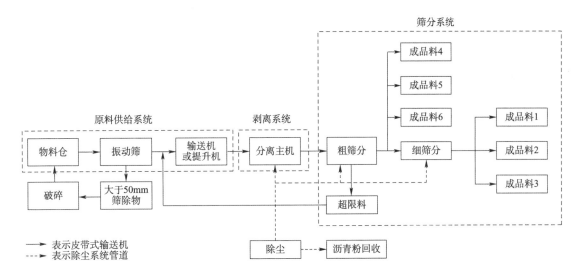

图 4.4.3 铣刨料 RAP 精细加工工艺流程示意图

表 4-1 2024 年辽宁盘海营高速公路 FRAP 关键筛孔假颗粒含量检测结果

FRAP	筛孔(mm)	要求(%)	检测结果(%)	平均值(%)
0mm～5mm	2.36	≤10	1.0～7.7	3.9
	1.18	≤5	0.6～4.9	2.6
	0.6	≤5	0.2～5.3	2.0
	0.075	≤5	0.1～4.6	1.5
5mm～10mm 玄武岩	4.75	≤10	0.2～7.1	3.5
5mm～10mm 石灰岩	4.75	≤10	1.8～9.1	5.4
10mm～15mm	9.5	≤10	3.6～12.4	8.4
	13.2	≤10	3.7～13.2	9.5

4.4.4 给料应符合下列规定：

1 装运设备不应将底部杂物或泥块混裹后带入给料机。

2 通过频率调节，对物料料仓下皮带输送机速度进行控制，调节给料量，防止物料起拱，必要时进行振动破拱。

3 物料料仓通过皮带输送机将 RAP 送入冷振筛，将粒径大于 50mm 的物料筛除，可进入破碎机破碎后再进行分离加工。

4 RAP 在通过冷振筛后，由上料皮带输送机，将 RAP 送入提升机，提升进入分离主机。

4.4.5 分离作业应符合下列规定：

1 根据 FRAP 技术要求和 RAP 含水率等影响因素，对分离主机频率进行调整。

2 分离主机应定期检查并清理或维修，防止因潮湿的细料板结在侧壁或主机砧板破损等造成分离效果显著下降。

4.4.6 筛分作业应符合下列规定：

1 分离过后的 RAP 通过溜道进入粗筛分振动筛，将分离后的 RAP 料筛分出 10mm 以上 FRAP

(筛网孔径最低 10mm,也可大于 10mm),并通过各层筛网将其筛分出各档成品 FRAP 料,10mm 以上的各档 FRAP 料通过溜道或者皮带送入 FRAP 成品料堆放区。

2 超出最高层筛网孔径的集料通过溜道、皮带输送机送入上料皮带机,进行二次分离。

3 10mm 以下的 RAP 进入细筛分高频筛进行二次筛分,并通过各层筛网将 0mm～10mm 的 FRAP 筛分出各档成品 FRAP 材料,如 0mm～3mm、3mm～5mm、5mm～10mm,再通过皮带输送机将其送入 FRAP 成品料堆放区。

4.4.7 除尘作业应符合下列规定:

1 对各个粉尘泄漏点,包括但不限于皮带转接处、分离主机进口、振动筛进口、高频筛进口、溜道出口等进行除尘。

2 除尘器沉降的粉尘颗粒,如满足要求可通过螺旋输送机送回最小档成品料区。

4.4.8 输送存储作业应符合下列规定:

1 采用封闭式结构输送,满足防尘、防雨要求。

2 不同规格 FRAP 料堆之间应设置隔离墙,其高度不宜小于 1.5m,并应设置标识牌。

3 产品料堆总高度不超过 5m。

4 产品存放区应设防雨棚,并及时清理,保持清洁。

4.4.9 分离加工后,应对 FRAP 进行检测,其技术要求应符合表 3.0.2～表 3.0.4 的规定。

5 再生混合料组成设计

5.1 一般规定

5.1.1 再生混合料组成设计应符合现行《公路沥青路面再生技术规范》(JTG/T 5521)和《公路沥青路面施工技术规范》(JTG F40)的有关规定。

5.1.2 配合比设计时,应采用抽提仪法和旋转蒸馏器检测 FRAP 沥青含量,具体方法见本指南附录 B。

条文说明

当需要对 FRAP 中的旧沥青性能进行再生补偿或拌制更高性能的再生沥青混合料时,可添加直投式再生改性剂或其他定制型外掺剂,提升再生沥青混合料的性能以达到设计要求,例如,再生为高模量沥青混合料、改性沥青混合料等。

5.1.3 再生改性剂的选用应根据 FRAP 中沥青老化程度、FRAP 掺配比例、再生方式、再生沥青混合料技术要求以及沥青配伍性等因素,通过试验确定。当缺少经验时,再生剂的用量宜为旧沥青的 5%～7% 或 FRAP 重量的 0.2%～0.6%。

5.2 外加剂

5.2.1 沥青再生剂技术要求应符合表 5.2.1 的规定,其掺量应通过试验确定。

表 5.2.1 沥青再生剂技术要求

检测项目	WRA	RA	检测方法
外观	液体	液体	—
60℃运动黏度(mm²/s)	20～80	50～175	T 0619
闪点(℃)	≥200	≥220	T 0611
饱和分含量(%)	≤30	≤30	T 0618
芳香分含量(%)	≥60	≥60	T 0618
薄膜烘箱试验前后黏度比	≤3	≤3	T 0619
薄膜烘箱试验后质量变化(%)	[−4,4]	[−4,4]	T 0609 或 T 0610
密度 15℃(g/cm³)	实测记录	实测记录	T 0603

注1:薄膜烘箱前后黏度比=试样薄膜烘箱后黏度/试样薄膜烘箱前黏度。
注2:WRA 温拌再生剂温拌效果通过室内旋转压实试验验证,拌和温度可降低 10℃ 以上。

条文说明

研究表明,沥青再生剂的扩散渗透性能及促进新旧沥青的融合性能对保证再生沥青混合料的高低温性能尤为重要,因此提出具有温拌效果的 WRA 再生剂型号,可用于大比例再生沥青混合料中。

满足表 5.2.1 中某一型号技术要求的不同品质的沥青再生剂,其对某一沥青、某一 FRAP 的再生效果可能存在很大差异。一种沥青再生剂满足表 5.2.1 所示的沥青再生剂标准,只是说明它作为产品是合格的,并不能说明其适合某一工程的技术需求,需通过沥青再生剂与 FRAP 沥青的试验对其工程适用性进行判断。所谓沥青再生剂与沥青的配伍性,主要包括沥青再生剂对沥青的再生效果、沥青再生剂与沥青的融合性、再生沥青的稳定性、沥青再生剂对再生混合料的性能改善效果等。此外,再生沥青的耐老化性能十分重要。目前,沥青再生剂产品质量良莠不齐,使得部分再生沥青的耐老化性能不佳,在热拌沥青混合料生产、施工过程中受到短期老化后,沥青再生效果损失严重。

5.2.2 再生改性剂(RMA)技术要求宜符合表 5.2.2 的规定,其掺量应通过试验确定,一般为 FRAP 重量的 0.2%～0.6%。

表 5.2.2 RMA 再生改性剂技术要求

项目	指标	检测方法
外观	固体颗粒状	—
密度(g/cm³)	<0.99	GB/T 4472—2011
熔点(℃)	130～170	T 0606—2004
熔融指数(g/10min)	>2	GB/T 3682—2000
注:试验方法中应遵循的标准为《化工产品密度、相对密度的测定》(GB/T 4472—2011)。		

条文说明

为补偿 FRAP 中旧沥青性能,提高再生混合料高低温性能,本指南提出在再生混合料中添加直投式再生改性剂(RMA),可与液体型再生剂联合使用,也可单独使用,且 RMA 配方可根据工程需求,进行"一路一设计",物理指标可参照上表执行,经工程验证此技术方案应用效果良好。

5.3 配合比设计

5.3.1 FRAP 应按本指南表 3.0.2 的规定进行分类,并选用符合要求的材料。

5.3.2 厂拌热再生的混合料类型、矿料级配和设计方法应符合现行《公路沥青路面施工技术规范》(JTG F40)和《公路沥青路面再生技术规范》(JTG/T 5521)的规定。

条文说明

本指南采用的是马歇尔设计方法,对于有条件的地区和项目,鼓励采用 SUPERPAVE 等先进设计方法进行厂拌热再生混合料设计,并提出相应的技术指标要求。

5.3.3 乳化沥青、泡沫沥青冷再生的混合料类型、矿料级配和设计方法应符合现行《公路沥青路面再生技术规范》(JTG/T 5521)的相关规定。

5.3.4 FRAP 微表处的配合比设计除应满足下列要求外,还应符合现行《公路沥青路面预防养护技术规范》(JTG/T 5142-01)的规定。

1 FRAP 宜选择 I 类 FRS12、FRS14、FRS16,其级配范围宜满足表 5.3.4-1 的要求。

表 5.3.4-1 FRAP 微表处混合料矿料级配范围

级配类型	通过下列筛孔(mm)的质量百分率(%)									
	13.2	9.5	7.2	4.75	2.36	1.18	0.6	0.3	0.15	0.075
RMS-2	100	100		90～100	65～90	45～70	30～50	12～24	6～17	1～10
RMS-3		100	83～96	70～90	45～70	28～50	19～34	6～19	3～14	1～10

表 5.3.4-1　FRAP微表处混合料矿料级配范围（续）

级配类型	通过下列筛孔(mm)的质量百分率(%)									
	13.2	9.5	7.2	4.75	2.36	1.18	0.6	0.3	0.15	0.075
RMS-4	100	85~95	72~90	60~80	40~60	28~45	19~34	6~19	3~14	1~10

注1：填料计入矿料级配。
注2：FRAP级配为《公路沥青路面再生技术规范》(JTG/T 5521—2019)中附录B干筛法筛分结果。

条文说明

本指南FRAP微表处混合料级配范围，是基于辽宁省工程实践和《公路沥青路面预防养护技术规范》(JTG/T 5142—2019)提出。一般情况下，交通量越大，越适宜粗的级配，本指南提出的RMS-4型级配范围，更适宜车辙填充。当用于稀浆封层时，可参照RMS-2、RMS-3级配范围。

2　FRAP微表处常用材料用量宜按表5.3.4-2选用。

表 5.3.4-2　FRAP微表处混合料通常材料用量

项目	单位	材料用量		
		RMS-2	RMS-3	RMS-4
养生后的厚度	mm	4~6	8~10	10~15
矿料用量范围	kg/m²	8.0~15.0	16.0~22.0	18.0~25.0
总油石比(沥青占矿料的质量百分比)	%	6.5~9.0	6.0~8.5	5.0~7.5
再生剂用量(再生剂占FRAP的质量百分比)	%	0.2~0.4		
水泥用量(占矿料的质量百分比)	%	0~3		
外加水量(占矿料的质量百分比)	%	根据混合料的稠度确定		

条文说明

总油石比中沥青包括FRAP中沥青。

3　FRAP微表处混合料技术要求应符合表5.3.4-3的要求。

表 5.3.4-3　微表处冷再生混合料技术要求

试验项目	单位	技术指标	试验方法
可拌和时间，不小于	s	120~300(25℃)	T 0757
破乳时间，不大于	min	20	T 0753
黏聚力试验　30min(初凝时间)，不小于 60min(开放交通时间)，不小于	N·m N·m	1.2 2.0	T 0754
湿轮磨耗损失　25℃浸水1h，不大于 25℃浸水6d，不大于	g/m² g/m²	540 800	T 0752
负荷轮碾压试验(LWT)黏附砂量，不大于 轮迹宽度变化率，不大于	g/m² %	450 5	T 0755 T 0756

注1：可拌和时间需根据施工现场可能遇到的温度进行测试。
注2：破乳时间的测试需选用工程实际使用的材料(合成级配)，否则应予以注明。
注3：不用于车辙填充的微表处混合料可不要求负荷轮碾压试验(LWT)的宽度变化率。

6 施工

6.1 厂拌热再生作业

6.1.1 厂拌热再生混合料生产设备除应符合现行《公路沥青路面施工技术规范》(JTG F40)及《公路沥青路面再生技术规范》(JTG/T 5521)的有关规定外,还应符合下列要求:

1 拌和宜采用整体式拌和设备。

2 配备不少于3个冷料仓。

6.1.2 施工准备应符合现行《公路沥青路面再生技术规范》(JTG/T 5521)的有关规定。

6.1.3 拌和除应符合现行《公路沥青路面再生技术规范》(JTG/T 5521)有关规定外,还应符合下列规定:

1 液体再生剂宜喷洒在再生滚筒尾端流动的FRAP表面。

2 当RAP添加比例超过30%时,应延长拌和时间5s～10s。

3 再生改性剂宜直接投入拌缸。

4 再生混合料的生产温度应符合下列规定:

1)新添加集料:石灰岩最高不宜超过200℃,玄武岩、辉绿岩等加热温度可适当提高,不宜超过220℃;

2)FRAP加热温度宜为120℃～150℃;

3)出料温度宜比相应类型的热拌沥青混合料提高5℃～10℃。当添加温拌再生剂时,出料温度可适当降低,具体应通过试验确定。

条文说明

厂拌热再生沥青混合料的生产温度以不加剧FRAP的再老化、提高生产能力、降低能耗并生产出均匀稳定的沥青混合料为原则,可根据拌和设备的加热干燥能力、FRAP含水率、再生沥青混合料的级配、再生改性剂性能等综合确定。

6.1.4 运输、摊铺、压实和养生开放交通应符合现行《公路沥青路面施工技术规范》(JTG F40)及《公路沥青路面再生技术规范》(JTG/T 5521)的有关规定。

6.2 厂拌冷再生作业

6.2.1 拌和设备应具备配料、输料、供水、搅拌机等工作装置。料仓的数量应满足生产需要,不宜少于3个。

6.2.2 施工准备、拌和、运输、摊铺、压实和养生应符合现行《公路沥青路面再生技术规范》(JTG/T 5521)的有关规定。

6.3 FRAP 微表处作业

6.3.1 用于路面抗滑表层时，FRAP 微表处应选用玄武岩 FRAP 材料。

6.3.2 施工设备、检查和标定、拌和、摊铺、养生等应符合现行《公路沥青路面养护技术规范》(JTG/T 5142)和《公路沥青路面预防养护技术规范》(JTG/T 5142-01—2021)的有关规定。

7 质量控制

7.0.1 施工过程中 FRAP 的质量检验除应符合《公路沥青路面再生技术规范》(JTG/T 5521)规定外,还应符合表 7.0.1 的规定。

表 7.0.1 FRAP 检验项目、频度与要求

检验项目		检测频度	技术要求
FRAP 含水率(%)		1 次/天	≤3
FRAP 假颗粒含量(%)	2.36mm 以下各筛孔	1 次/2000t FRAP	满足本指南要求
	2.36mm 及以上各筛孔	1 次/2000t FRAP	满足本指南要求
FRAP 中矿料级配(%)	0.075mm 筛孔通过率	1 次/2000t FRAP	±8
	0.075mm 及以上筛孔通过率	1 次/2000t FRAP	±3
FRAP 中沥青	含量(%)	1 次/2000t FRAP	±0.5
	25℃针入度(0.1mm)	1 次/5000t FRAP	±6

注1:FRAP 假颗粒含量,根据选用材料类别需满足本指南表 3.0.2 的要求。
注2:表中的矿料级配指标允许偏差均是与再生沥青混合料配合比设计时采用的沥青混合料回收料的技术指标相比较的允许偏差。

7.0.2 再生路面施工质量标准与控制的其他要求,应符合现行《公路沥青路面施工技术规范》(JTG F40)、《公路沥青路面再生技术规范》(JTG/T 5521)、《公路沥青路面养护技术规范》(JTG/T 5142)的有关规定。

附录 A FRAP 假颗粒含量试验方法（燃烧法）

A.1 适用范围

A.1.1 本方法适用于测定 FRAP 材料各筛孔假颗粒含量，用于评定 FRAP 质量使用。

A.2 仪具与材料

A.2.1 沥青混合料燃烧炉。

A.2.2 标准筛：方孔筛，孔径 0.075mm～26.5mm 的套筛。

A.2.3 电子天平：称量 10kg，感量不大于 0.1g。

A.2.4 摇筛机。

A.2.5 烘箱：装有温度自动控制器，调温范围室温＋5℃～250℃，恒温波动度≤±1℃，温度均匀度≤±5℃。

A.2.6 其他：铁铲、搪瓷盘、毛刷等。

A.3 试样准备

A.3.1 按照《公路沥青路面再生技术规范》(JTG/T 5521—2019)附录 B 中的取样方法从拌和厂料堆取样后缩分至所需数量，试样最小质量根据 FRAP 最大公称粒径按表 A.3.1 选用。

表 A.3.1 试样最小质量要求

公称最大粒径(mm)	试样最小质量(g)	公称最大粒径(mm)	试样最小质量(g)
4.75	1200	16	1800
9.5	1200	19	2000
13.2	1500	26.5	3000

A.4 试验步骤

A.4.1 按照沥青混合料矿料级配设计要求，选用全部筛孔的标准筛，按大小顺序排列成套筛。

A.4.2 FRAP 燃烧前筛分试验应按照《公路工程集料试验规程》(JTG E42—2005)中的 T 0302、T 0327 方法进行，材料采用在加热温度为 60℃的烘箱中烘至恒重。

A.4.3 FRAP 燃烧后筛分试验方法按照《公路工程沥青及沥青混合料试验规程》(JTG E20—2011)中的 T 0735、T 0725 进行。

A.5 数据处理

A.5.1 试样的分计筛余百分率按式(A.5.1)计算。

$$P_i = \frac{m_i}{m} \times 100\% \tag{A.5.1}$$

式中:P_i——筛孔 i 的分计筛余百分率(%);
　　m_i——筛孔 i 筛上颗粒的质量(g);
　　m——试样的质量(g)。

A.5.2 计算出燃烧前和燃烧后试样各筛孔分计筛余百分率 P_i,按式(A.5.2)计算FRAP筛孔 i 的假颗粒含量。

$$J_i = |P_i(1) - P_i(2)| \tag{A.5.2}$$

式中:J_i——筛孔 i 假颗粒含量(%);
　　$P_i(1)$——筛孔 i 燃烧前分计筛余率(%);
　　$P_i(2)$——筛孔 i 燃烧后分计筛余率(%)。

A.6 报告

A.6.1 同一种材料至少取三个试样平行筛分试验三次,取平均值作为每号筛的分计筛余百分率试验结果,报告各筛孔假颗粒含量,精确至0.1%。

附录 B RAP 沥青含量试验(全自动沥青混合料抽提仪法)

B.1 适用范围

B.1.1 本方法适用于采用全自动沥青混合料抽提仪测定 RAP 或 FRAP 材料中沥青含量。

B.2 仪具和材料

B.2.1 全自动沥青混合料抽提仪。

B.2.2 沥青蒸馏器。

B.2.3 电子天平:称量 10kg,感量不大于 0.01g。

B.2.4 烘箱:装有温度自动控制器,调温范围室温+5℃~250℃,恒温波动度≤±1℃,温度均匀度≤±5℃。

B.2.5 三氯乙烯。

B.2.6 回收瓶。

B.2.7 量筒。

B.2.8 其他:小铲、金属盘、大烧杯等。

B.3 试验准备

B.3.1 准备一份 RAP 或 FRAP,试样质量 1000g~1500g(粗粒式沥青混合料用高限,细粒式用低限,中粒式用中限),准确至 0.1g。

B.3.2 检查设备三氯乙烯剩余量,保证充足。

B.4 试验方法与步骤

B.4.1 将试样放在 60℃的烘箱中烘至恒重,称取其质量 m_1。

B.4.2 将过滤牛皮纸装入全自动沥青混合料抽提仪的矿粉回收容器中,并称其质量 m_2。

B.4.3 试样冷却后放入全自动沥青混合料抽提仪的集料回收容器中,并称取集料回收容器与试样的总质量 m_3。

B.4.4 打开全自动沥青混合料抽提仪,试运行清洗循环 2 次~3 次,待三氯乙烯观测口流出黑色三氯乙烯混合液,确定设备运转正常。

B.4.5 清洗循环运行 3 次~4 次。

B.4.6 取出矿粉和集料回收容器,分别称其质量 m_4 和 m_5。

B.5 数据处理

B.5.1 RAP 或 FRAP 中抽提沥青含量按式(B.5.1)计算。

$$Q_a = \frac{m_3 - m_5 - (m_4 - m_2)}{m_1} \tag{B.5.1}$$

式中：Q_a——RAP 或 FRAP 中抽提沥青含量(%)；
m_1——试样干燥后质量(g)；
m_2——矿粉回收容器质量(g)；
m_3——集料回收容器与试样的总质量(g)；
m_4——清洗循环运行后矿粉回收容器加矿粉质量(g)；
m_5——清洗循环运行后集料加集料回收容器质量(g)。

B.6 报告

B.6.1 同一种材料至少平行试验两次，取平均值作为试验结果，两次试验结果的差值应小于0.3%，当大于0.3%但小于0.5%时，应补充平行试验一次，以三次试验的平均值作为试验结果，三次试验的最大值与最小值之差不得大于0.5%。

用 词 说 明

1 本指南执行严格程度的用词,采用下列写法:
1) 表示严格,在正常情况下均应这样做的用词,正面词采用"应",反面词采用"不应"或"不得"。
2) 表示允许稍有选择,在条件许可时首先应这样做的用词,正面词采用"宜",反面词采用"不宜"。
3) 表示有选择,在一定条件下可以这样做的用词,采用"可"。
2 引用标准的用语采用下列写法:
1) 当引用的标准为国家标准或行业标准时,表述为"应符合《××××××》(×××)的有关规定"。
2) 当引用本指南中的其他规定时,表述为"应符合本指南第×章的有关规定""应符合本指南第×.×节的有关规定""应按本指南第×.×.×条的有关规定执行"。

责任编辑：郭晓旭　韩亚楠
文字编辑：闫吉维

ISBN 978-7-114-20161-5

定价：28.00元

ICS 93.040
P 66

团 体 标 准

T/CHTS 10009—2019

黄淮地区公路粉土路基设计施工技术指南

Technical Guideline for Design and Construction of Silt Subgrade in Huang-Huai Area

2019-05-16 发布   2019-06-10 实施

中国公路学会 发布

作为国家标准化管理委员会、中国科学技术协会团体标准双试点单位,中国公路学会积极贯彻国务院《深化标准化工作改革方案》(国发〔2015〕13号)的要求,立足交通运输行业公路交通领域,于2015年6月正式启动团体标准工作。同时,中国公路学会标准工作得到了交通运输部的大力支持,并正式写入交通运输部《交通运输标准化"十三五"发展规划》。

中国公路学会严格按照学会标准管理办法及团体标准良好行为指南要求对标准化工作进行管理,遵循开放、公平、透明、协商一致的原则,突出团体标准贴近实际、注重实用的特点,充分发挥密切跟踪行业科技创新进程、及时了解市场技术发展需求的优势,为交通运输行业公路交通领域提供优质的标准,促进行业技术进步,并打造中国公路学会标准品牌。

获取更多学会标准资讯请关注"中国公路学会标准"微信公众号(微信号:CHTS-standard)。

本标准版权为中国公路学会所有。除用于国家法律法规规定用途,或事先得到中国公路学会文字上的许可,不得以任何形式擅自复制、改编、汇编、翻译、发行或传播本标准。

中国公路学会地址:北京市朝阳区安华路17号
电话:010-64288725　　传真:010-64958372
网址:http://www.chts.cn/
电子信箱:CHTS-S@qq.com